D1985115

FÜR DAS

Geburtstagskind:

....

EIN GÄSTEBUCH ZUR ERINNERUNG AN DEINEN BESONDEREN TAG!

....

ORT & DATUM

better notes

Autor und Umschlaggestaltung: Ilya Malyanov / ilyamalyanov.com

NAME:

....

DIE BESTEN GLÜCKWÜNSCHE:

....

....

....

....

....

....

....

....

....

....

....

Das schönste Foto:

Name:

....

Die besten Glückwünsche:

....
....
....
....
....
....
....
....
....
....
....

Das schönste Foto:

Name:

....

Die besten Glückwünsche:

....
....
....
....
....
....
....
....
....
....
....

Das schönste Foto:

Name:

....

Die besten Glückwünsche:

....
....
....
....
....
....
....
....
....
....
....

Das schönste Foto:

NAME:

....

DIE BESTEN GLÜCKWÜNSCHE:

....

....

....

....

....

....

....

....

....

....

....

Das schönste Foto:

Name:

Die besten Glückwünsche:

Das schönste Foto:

Name:

....

Die besten Glückwünsche:

....
....
....
....
....
....
....
....
....
....
....

Das schönste Foto:

Name:

Die besten Glückwünsche:

Das schönste Foto:

NAME:

....

DIE BESTEN GLÜCKWÜNSCHE:

....
....
....
....
....
....
....
....
....
....
....

Das schönste Foto:

Name:

....

Die besten Glückwünsche:

....
....
....
....
....
....
....
....
....
....
....

Das schönste Foto:

Name:

....

Die besten Glückwünsche:

....
....
....
....
....
....
....
....
....
....
....

Das schönste Foto:

NAME:

....

DIE BESTEN GLÜCKWÜNSCHE:

....

....

....

....

....

....

....

....

....

....

....

Das schönste Foto:

NAME:

....

DIE BESTEN GLÜCKWÜNSCHE:

....
....
....
....
....
....
....
....
....
....
....

Das schönste Foto:

Name:

Die besten Glückwünsche:

Das schönste Foto:

NAME:

....

DIE BESTEN GLÜCKWÜNSCHE:

....
....
....
....
....
....
....
....
....
....
....

Das schönste Foto:

Name:

Die besten Glückwünsche:

Das schönste Foto:

Name:

....

Die besten Glückwünsche:

....
....
....
....
....
....
....
....
....
....
....

Das schönste Foto:

Name:

....

Die besten Glückwünsche:

....
....
....
....
....
....
....
....
....
....
....

Das schönste Foto:

NAME:

....

DIE BESTEN GLÜCKWÜNSCHE:

....
....
....
....
....
....
....
....
....
....
....

Das schönste Foto:

NAME:

....

DIE BESTEN GLÜCKWÜNSCHE:

....
....
....
....
....
....
....
....
....
....
....

Das schönste Foto:

Name:

....

Die besten Glückwünsche:

....
....
....
....
....
....
....
....
....
....
....

Das schönste Foto:

Name:

Die besten Glückwünsche:

Das schönste Foto:

NAME:

....

DIE BESTEN GLÜCKWÜNSCHE:

....
....
....
....
....
....
....
....
....
....
....

Das schönste Foto:

NAME:

....

DIE BESTEN GLÜCKWÜNSCHE:

Das schönste Foto:

NAME:

....

DIE BESTEN GLÜCKWÜNSCHE:

....
....
....
....
....
....
....
....
....
....
....

Das schönste Foto:

Name:

....

Die besten Glückwünsche:

....
....
....
....
....
....
....
....
....
....
....

Das schönste Foto:

NAME:

....

DIE BESTEN GLÜCKWÜNSCHE:

....

....

....

....

....

....

....

....

....

....

....

Das schönste Foto:

Name:

....

Die besten Glückwünsche:

....
....
....
....
....
....
....
....
....
....
....

Das schönste Foto:

NAME:

....

DIE BESTEN GLÜCKWÜNSCHE:

....
....
....
....
....
....
....
....
....
....
....

Das schönste Foto:

NAME:

....

DIE BESTEN GLÜCKWÜNSCHE:

....

....

....

....

....

....

....

....

....

....

....

Das schönste Foto:

NAME:

....

DIE BESTEN GLÜCKWÜNSCHE:

....
....
....
....
....
....
....
....
....
....
....

Das schönste Foto:

NAME:

....

DIE BESTEN GLÜCKWÜNSCHE:

....
....
....
....
....
....
....
....
....
....
....

DAS SCHÖNSTE FOTO:

NAME:

....

DIE BESTEN GLÜCKWÜNSCHE:

....

....

....

....

....

....

....

....

....

....

....

Das schönste Foto:

Name:

Die besten Glückwünsche:

Das schönste Foto:

NAME:

....

DIE BESTEN GLÜCKWÜNSCHE:

....
....
....
....
....
....
....
....
....
....
....

Das schönste Foto:

Name:

Die besten Glückwünsche:

Das schönste Foto:

NAME:

....

DIE BESTEN GLÜCKWÜNSCHE:

....
....
....
....
....
....
....
....
....
....
....

Das schönste Foto:

Name:

Die besten Glückwünsche:

Das schönste Foto:

Name:

....

Die besten Glückwünsche:

....
....
....
....
....
....
....
....
....
....
....

Das schönste Foto:

NAME:

....

DIE BESTEN GLÜCKWÜNSCHE:

....
....
....
....
....
....
....
....
....
....
....

Das schönste Foto:

Name:

Die besten Glückwünsche:

Printed in France by Amazon
Brétigny-sur-Orge, FR

20236257R00047